CW01082890

Original title:
Windflüsterer

Copyright © 2024 Swan Charm Publishing
All rights reserved.

Editor: Jessica Elisabeth Luik
Author: Leena Meripõld
ISBN HARDBACK: 978-9916-86-010-6
ISBN PAPERBACK: 978-9916-86-011-3

Flüsternde Horizonte

Am Rand der Welt, wo Träume glühen,
Flüstern Winde, die uns ziehen.
Über Wälder, tief und weit,
Durch die stille Dunkelheit.

Dort, wo Sterne niemals schlafen,
Wachsen Wünsche aus den Strafen.
Und im Tanz der Nächte klar,
Findet uns das Morgenjahr.

Bergen gleich, die Hoch und stolz,
Trägt der Himmel unser Holz.
In der Stille, tief und rein,
Fließen Träume in den Schein.

Der Ruf der Luft

Wenn die Lüfte sanft uns rufen,
Hörst du fern die Lieder stufen.
Zwischen Zeiten, weit und frei,
Fliegt der Geist im Himmelshai.

Durch die Wolken, leicht und klar,
Hallt ein Echo, wunderbar.
Und im Sog der Weite weht,
Alle Sehnsucht, die vergeht.

Flügel breiten sich zur Nacht,
Unter Mondes lichter Pracht.
Dort in Höhen, kühl und sacht,
Wird der Freudenklang entfacht.

Sprechender Wind

Der Wind erzählt Geschichten
Von längst vergangner Zeit
In seinen sanften Flüchten
Er flüstert leis und weit

Er trägt die Stimm der Ahnen
Durch Bäume, Gras und Feld
Weckt Träume, die noch mahnen
In dieser weiten Welt

Er durch die Nächte wandert
Und Lieder leis erklingt
Vom Fernen und dem Andern
Von dem, was Tief' durchdringt

So spricht der Wind in Breiten
Von Freude, Schmerz und Mut
Er lässt die Herzen weiten
Sein Lied, es tut uns gut

Tänze der Winde

Die Winde wirbeln heiter
Im Tanz, so wild und frei
Sie tragen uns stets weiter
Bis hin zum klaren Mai

Ein Wirbel voller Träume
Im Rhythmus, der nie ruht
Im Tanz durch Feld und Bäume
Wir spüren der Freiheit Glut

Wenn Blätter leicht sich drehen
Und Federn in der Luft
Wenn Sonnenstrahlen wehen
Verfliegt des Alltags Duft

Der Wind, er tanzt so sachte
Verwebt die Welt im Raum
Und bis zur nächsten Nacht
Tanzt er im Himmelsraum

Sanftes Hauchen

Ein sanftes Hauchen füllt die Flur
Der Morgen erwacht still
Im Wind das zarte Knistern nur
Was Liebesbotschaft will

Die Blätter singen leise Lieder
Von Sehnsucht und von Glück
So zieht der Wind uns immer wieder
Zu dem, was wir zurück

Er flüstert uns Geschichten
Von Sommer und von Schnee
Von Sonnenstunden, Fichten
Und einem weiten See

Er ist das sanfte Hauchen
In unsrem Herzen tief
Lässt Kindheit wieder tauchen
Im Wind, der sanft uns rief

Stimme der Lüfte

Die Lüfte sprechen leise
In Tönen, zart und sacht
Sie führen uns auf Reise
Durch eine stille Nacht

Die Stimmen voller Lieder
Schweben durch den Raum
Und schwingen immer wieder
Raunen durch den Traum

Ein Flüstern, das uns ruft
Ein Singen, klangvoll klar
Es zieht durch Wald und Luft
Ganz nah und auch so fahr

Die Stimme, die uns lenkt
Im Wunsch und in der Tat
Die Lüfte sanft sie schenkt
Den Hauch, den man wohl tat

Seufzer im Wind

Ein Hauch von Sehnsucht weht vorbei,
In stiller Nacht, so traumverloren,
Flüsternd, als ob ein Herz entzweist,
Von alten Zeiten neu geboren.

Die Bäume rauschen sanft im Wind,
Erzählen Märchen, still und leise,
Verborgene Worte, deren Sinn
Verweilt in unsrer Seele Reise.

Ein Seufzer dringt durch dunklen Hain,
Erinnerungen, zart und wehmütig,
Wie Schattenbilder, bleich und fein,
Leben getragen, unendlich spürig.

Himmlische Botschaften

Am Firmament, da funkelt Licht,
Sterne flüstern leise Kunde,
Ein ewiges, verheiß'nes Gedicht,
Im Fluss der Zeit, in stiller Runde.

Die Nacht entfaltet ihren Schleier,
In Sphären hoch und grenzenlos,
Engel fliegen, singen heiter,
Vom Herzen sanft, des Himmels Schoß.

Wenn Sternenstaub in Träumen fliegt
Und Mondlicht uns're Seen durchbricht,
Ist es, als ob ein Engel wiegt,
Die Liebe selbst, göttlich erdicht.

Wiegenlied der Lüfte

Die Winde singen Liebeslieder,
Sanft wie ein Hauch an deinem Ohr,
Sie spielen sachte auf und nieder,
Tragen Gedanken himmelwärts empor.

Im Reigen tanzen Blätter zart,
Wiegen sich im sanften Schweben,
Ein Traurigkeit, die nie verwahrt,
Wird mit dem Wind davon getrieben.

Ein Wiegenlied aus zarten Tönen,
Erfüllt die Luft mit sanfter Macht,
Lässt Herzen still und froh bewohnen,
Die sanfte Ruh der stillen Nacht.

Verborgene Stimmen

Das Flüstern einer alten Zeit,
Macht sich im Winde leise breit,
Es singt von Liebe, Lust und Leid,
Von Schicksals Wegen, lang und weit.

Im Wald, verborgen tief im Moos,
Erzählt ein Flüstern Mär' und Sage,
Von Geistern, die, unsichtbar bloß,
Die Wahrheit tragen, stiller Frage.

Des Flusses Murmeln, sanft und klar,
Verbirgt Geheimnisse der Welt,
Ein ew'ger Refrain, wunderbar,
Die Seele zärtlich ihm verfällt.

Luftgesang

Ein Hauch von Wind, so leis und fein,
Verweht die Sorgen, klein und rein.
Himmelstöne, sanft und mild,
Die Seele wie durch Luft gehüllt.

Zarte Stimmen, fern und nah,
Erzählen von dem Wunder, da.
Wolken tanzen, frei im Blau,
Herzen folgen ihrem Bau.

Flüsternd, rauschend, wundervoll,
Im Wind, da schwebt der Sehnsucht Schwall.
Federleicht und voller Klang,
Luftgesang ein Weltenfang.

Lüftespiel

Ein Wispern durch den hohen Baum,
Lüfte malen einen Traum.
Blätterrauschen, zartes Spiel,
In ihrem Takt verstummt das Ziel.

Federnd leicht, ganz unbeschwert,
Klopft der Wind ans Himmelszelt.
Schwebend, fliegend ohne Rast,
In der Luft das ew'ge Fest.

Silberfäden weit gespannt,
Über Wiesen, über Land.
Luft ist wie ein Tänzer fein,
Lüftespiel in Sonnen Schein.

Welch' ein Wehen

Durch das Tal ein weiches Wehen,
Lassen Herzen höher stehen.
Sanfte Böen, Liebesgruß,
Lebenshauch in jedem Kuss.

Wolken ziehen, frei und weit,
Zeigen uns die Ewigkeit.
Immerfort und stets im Reigen,
Erlöst von den Erdenzweigen.

Welch' ein Wehen, still und rein,
Füllt die Lüfte sanft mit Sein.
Schwebend nah und doch entfernt,
Hoffnung, die der Wind uns schenkt.

Sah ein Flügel

Sah ein Flügel, leicht und klar,
Strich durch Himmel wunderbar.
Vögel singen in dem Wind,
Tragen Lieder bis geschwind.

Federweich und himmelsweit,
Flügel trägt von Zeit zu Zeit.
Durch die Lüfte, durch das Sein,
Wird ein Traum zum Leben fein.

Stiller Hauch und starkes Band,
Flügel führt durch jedes Land.
Sanft getragen, fortgerissen,
Findet Herz, was wird vermissen.

Windverliebtheit

Im Reigen der Lüfte,
verliebt in dein Sein,
wir tanzen zusammen,
im Abendsonnenschein.

Ein Flüstern der Winde,
umschmeichelt mein Ohr,
so sanft und behutsam,
wie zärtlicher Chor.

Die Blätter im Rauschen,
erzählen von dir,
eine endlose Liebe,
im Wind ganz klirr.

Der Sternenhimmel funkelt,
während wir verwehen,
in träumerischem Reigen,
sind wir Seelenideen.

Verliebt in die Winde,
im himmlischen Spiel,
bleibt die Zeit stehen,
und nichts ist zu viel.

Brisenschreiberei

Die Brise erzählt mir,
von vergessenen Tagen,
wie Geschichten im Wind,
es wäre zu wagen.

Mit Federn und Tintengold,
schreibt sie die Zeilen,
in unsichtbaren Büchern,
wo verheilte Wunden heilen.

Ein Brief an die Sterne,
getragen vom Hauch,
malt Bilder im Geiste,
wärmt wie sanfter Rauch.

Das Papier der Lüfte,
ein unendliches Blatt,
die Brise die Feder,
verlorener Schatz.

Schreib weiter, oh Wind,
dein zärtliches Lied,
bis die Welten verstehen,
was die Seele nicht sieht.

Zarte Böen

Zarte Böen, mild und leicht,
streicheln sanft die Wangen,
wie ein Schmiegen der Natur,
im weichen Licht gefangen.

Sie klingen durch die Wälder,
wissen um das alte Lied,
erzählen uralte Geschichten,
die die Zeit nie mied.

Ein Seufzen in der Sommersonne,
wenn sie durchs Gras wehen,
die Zärtlichkeit der Lüfte,
kaum zu übersehen.

Mit jedem deiner flücht'gen Küsse,
vergeht ein kleines Leid,
die Böen, zart und sinnend,
sind wie Ewigkeit.

Und so verweilen wir in Frieden,
ganz sacht im Windesrausch,
zarte Böen sanft umfangen,
wie ein stiller Laus.

Geheimnisvolle Lüfte

In den geheimnisvollen Lüften,
wo Träume heimlich wandern,
entsteht ein tiefer Zauber,
des Nachts im Winterlanden.

Die Nebel tanzen Schatten,
von verlor'nen Wesen still,
ein Wispern, kaum zu hören,
zeigt, was der Wind enthüll'.

Unsichtbare Pfade,
durch die Lüfte geschlagen,
führen zu den Orten,
wo die Geister sagen.

Ein Raunen in den Zweigen,
ein Lied aus alter Zeit,
die Lüfte, oh so dunkel,
erzählen von dem Leid.

Doch auch von großer Hoffnung,
in mystischer Gestalt,
getragen von den Lüften,
von der eig'nen Hand gemalt.

Melodie der Luft

Ein Flüstern in den Blättern, leicht
Ein Wiegenlied, das sanft verweilt
Vögel singen, der Tag erweicht
Im Morgentau, der Glanz verteilt

Ein Wispern, kaum zu hören
Durch offnen Fenster sich verirrt
Eine Melodie, die Herzen kürt
In Träumen tief wir uns verlieren

Die Luft, sie spielt ihr altes Lied
Im Schwingen zarter Flügelpracht
Ein Windhauch, der durchs Leben zieht
In stiller Nacht, die Sehnsucht wacht

Ein Klang, der durch das Dunkel dringt
Zu neuen Ufern uns geleiten
Ein Hauch, der von der Freiheit singt
Die Luft, sie tanzt in weiten Weiten

Hauch des Nordens

Ein Atemzug vom fernen Land
Ein Flüstern kalt, doch wunderschön
Der Norden schickt mit starker Hand
Sein Echo durch die Welten gehen

Die Eiskristalle, funkelnd klar
Zerbrechen wie ein zartes Lied
Ein Hauch, der einst so mächtig war
Nun leise durch die Lüfte zieht

Die Bäume beugen sich im Spiel
Ein Tanz in kalter, reiner Nacht
Die Schönheit hier, so still und viel
Aurora hat sie mitgebracht

Der Norden ruft, das Herz erbebt
Im Klang von Sternen, Schnee und Zeit
Ein Hauch, der durch die Seele webt
Im Meer der Ewigkeit, so weit

Spiralen des Sturms

Ein Wirbelwind, der mutig steigt
Im Herzen Sturmgewalten tragen
Die Wolken tanzen, wild und breit
Im Tosen sich die Geister jagen

Ein Kreischen, das die Stille bricht
In Spiralen sich die Lüfte drehen
Ein Schauer, der auf Knien kriecht
Im Toben wir die Freiheit sehen

Die Wellen brechen, nächtlich grau
Ein Kampf, der niemals enden mag
Im Sturm ein Hoffen, blind und rau
Ein Funken Licht im Wogen-Flag

Ein Dröhnen in den Gassen heult
Die Straßen karg, der Himmel wild
Der Sturm, der seine Wahrheit zeugt
Im Chaos sich die Ordnung hüllt

Berührungen der Winde

Ein Streicheln auf der Wangen Haut
Ein Hauch, so sanft und zart wie Seide
Der Wind, er flüstert, lichtbetaut
Nah und fern in steter Weite

Ein Kitzeln an des Ohrs Geleise
Ein Lächeln, das die Lippen küsst
Das Raunen, wie Gedanken leise
Vom Wind, der stets um unsgemisst

Die Bäume singen ihre Lieder
Die Blätter tanzen, leicht und froh
Ein Seufzen, das erklingt nicht minder
Im Flattern bleibt kein Herz mehr roh

Der Wind berührt uns immerzu
Von Morgenstund bis tief in Nacht
Ein Streifen Hoffnung, still zur Ruh
In sanftem Wehen Liebe wacht

Himmelskerzen

Im stillen Meer von Dunkelheit,
flammt eine Kerze aus der Ferne.
Mit ihrem Strahl so klar und weit,
verbindet sie die Sternensterne.

Sie säumen unsere Träume sanft,
wie Glühwürmchen in der Nacht.
Leuchten hoch in stiller Jagd,
vor des Mondes heiliger Pracht.

Himmelskerzen brennen klar,
im ewigen Himmelsraum.
Ihre Flamme ohne Schar,
nur Erinnerung wie ein Traum.

Schatten tanzen durch das Licht,
während Sterne klar verbrennen.
Himmelskerzen brechen schlicht,
den Tag, den wir bekennen.

Der Himmel spannt sich weit und klar,
Kerzen funkeln wie auf Gold.
Ewig währt dies Wunderbar,
das uns immer noch umfängt hold.

Windpfade

Durch Flüsse von Himmel, sanft und klar,
gleitet der Wind in ruhigem Fluss.
Erobert jede Himmelsbar,
trägt ein Geheimnis, wie ein Kuss.

Ein Pfad aus Nichts und Doch so viel,
weiß der Wind, wohin er treibt.
Er singt von Freiheit, Ziel und Ziel,
in einem Raum, der ewig bleibt.

Bäume neigen sich, lauschen still,
wenn er von fernen Orten spricht.
In ihrem Nicken liegt der Wille,
dass der Wind die Ruhe bricht.

Windpfade zeigen uns den Weg,
durchs Ungewisse, ungezähmt.
Zwischen Hier und Irgendwo,
wird der Geist vom Wind gezähmt.

Wellen brechen an der Zeit,
die der Wind in sich ersinnt.
Auf diesem Pfad, so weit und breit,
unsere Seelen leise singt.

Wolkenflöte

Ein Lied durchzieht das blaue Feld,
nur eine Flöte aus den Wolken.
In ihrem Klang die ganze Welt,
die Leise unser Herz verlocken.

Wolkenflöte, süß und rein,
erzählt von Orten, weit von hier.
Ihr Ton so zart wie feiner Wein,
ein Seelenflug auf sanfter Zier.

Mit jedem Zug ein neues Bild,
gebrochenes Licht, das sich verwebt,
in Farben, die der Wind erfüllt,
sanft und fern, was nur noch lebt.

Hör' die Wolkenflöte flüstern klar,
von Träumen, die der Himmel kennt.
In jedem Ton ein ferner Jahr,
dessen Melodie den Tag erkennt.

Ihre Töne sind ein Kuss,
der Himmelsthrone naht.
Ein Flüstern wie ein sanfter Schuss,
der uns mit Sehnsucht getränkt.

Lautlose Lüfte

In den Lüften, still und rein,
wo Träume lautlos schweben.
Trägt ein Hauch den Tag herein,
iem Wind, so leicht wie Leben.

Ein Tanz, der keine Grenzen kennt,
lautlose Lüfte tragen weit.
Ihr Rufen ist vom Schweigen trennt,
führt uns in das Himmelskleid.

Der Horizont, so leise zieht,
durch endlose, gespenst'ne Weiten.
Wo jede Wolke leis entflieht,
und sanft die Winde uns begleiten.

Ruhig die Welt, in Lüften tröstend,
iohne Lärm und hastige Schritte.
Nur das Herz am Fenster, lüstend,
lauscht der weltfernen Flüsterblüte.

Lautlose Lüfte, sanft im Schein,
tragen Frieden in der Nacht.
Geliebt im zarten Mondschein,
wird das Herz sacht entfacht.

Wellen der Lüfte

Im Tanz der Wolken, weich und sacht,
zieht ein Hauch von Ferne sacht.
Ein Flügelpaar im blauen Meer,
träumt von Freiheit, leicht und leer.

Die Lüfte singen, wild und frei,
ein Lied der Träume, federleicht.
Wogen von Winden, sanft und klar,
tragen Seelen, fern und nah.

In hohen Höhen, zeitlos schön,
umarmen Träume, wandern geh'n.
Über Wipfel, über Seen,
können wir die Sterne seh'n.

Sphärische Klänge

Inmitten Sterne, hell und rein,
tanzen Töne, licht und fein.
Ein Echoschleier, weit gesponnen,
durch Dunkelheit doch nie entronnen.

Ein Chor aus Licht, so klar und wahr,
zieht uns in eine Traumesschar.
Sphärenmusik in stiller Nacht,
hat unser Herz zum Licht gebracht.

In Weiten fern von Raum und Zeit,
klingen Melodien, endlos weit.
Ein Reigen Töne, zart und rein,
rufen uns ins All hinein.

Weltenwandler

Durch Tore, die uns unerkannt,
betreten, was uns fern verwandt.
Wandeln Welten, nah und fern,
Suchen Schätze, die wir lern.

Mit jedem Schritt, ein neuer Pfad,
je Schwelle führt in neue Tat.
Von Licht zu Schatten, hin und her,
erkundet man das Grenzenmeer.

Im Wandel neuen Glanz enthüllt,
was einst verborgen tief erfüllt.
Mit Augen offen, Herz bereit,
wird jedes Wunder Wirklichkeit.

Weltenwandler, stark und frei,
streifen durch die Ewigkeit.
Jeder Traum, ein Faden fein,
webt uns ein ins Weltensein.

Ätherische Pfade

Durch Nebel, sanft und zart verhüllt,
ziehen Pfade, still erfüllt.
Schritte in das Ungewisse,
wo Geheimnis uns umschlüsse.

Im Äther, wo die Ruhe liegt,
klingt ein Hauch, der uns betrügt.
Leitet uns auf Wegen fein,
durch Welten, sacht ins Glück hinein.

Ein Pfad aus Licht, der klaren Klarheit,
führt uns zu des Lebens Wahrheit.
Durch Sturm und Stille geht der Lauf,
trägt uns aus des Schicksals Strauß!

Wie Sterne, die im Dunkel glänzen,
ordnen Ziele sich und lenzen.
Ätherpfade, Licht und Schein,
führen uns ins Ewigtsein.

Sehnsucht im Wind

Verwehte Träume, flüchtig und fern,
Hoffnung, die still durch Wolken bricht,
Gedanken schweifen, wandernd im Stern,
Herzen fliegen im schwerelosen Licht.

Der Wind trägt Flüstern, zartes Beben,
Unhörbares Singen in stiller Zeit,
Verborgenes Sehnen, ein Leuchten im Leben,
Zuflucht finden in Unendlichkeit.

Augen schließen, ein Atemzug tief,
Im fernen Rauschen der blauen See,
Gefühle wandern, ein inneres Rief,
Liebe weht sanft, lässt Herzen vergeh'n.

Die Nacht hält Schatten, Geheimnis in sich,
Nebel verhüllt, was einst klar war,
Doch Sehnsucht bleibt, ein stiller Stich,
Ein Herzenslicht fern, aber immer da.

Wogende Felder

Die Wellen tanzen über goldene Saat,
Gesänge des Sommers, ein lichter Traum,
Im Wind verweht der Vögel Rat,
Natur umarmt im grünen Raum.

Ein Flüstern durch Gräser, mild und rein,
Hoffnungsvolle Stille in friedlicher Zeit,
Sonne küsst sanft die Erde dein,
Felder wogen in Unendlichkeit.

Erde lebt im Herzschlag der Saat,
Segen des Landes, des Menschen Glück,
Zu jedem Frühling neu erwacht,
Staunender Blick auf den Lebensrück.

Über den Wogen ein Himmel so weit,
Blaues Meer über goldenem Feld,
In der Wärme dieser stillen Zeit,
Blüht das Herz, das sich zur Erde hält.

Zirpen und Zischen

Die Nacht erwacht im tiefen Klang,
Ein Zirpen streift durchs stille Feld,
Im Dunkel klingt ein leiser Sang,
Ein heimliches Konzert der Welt.

Das Wasser flüstert, zischend leis',
Ein Lied des Mondes überm See,
Natur ruht sanft, vom Tag befreit,
Sterne leuchten, fern und eh'.

Geheimnisvolle Schatten winken,
Nächtlicher Glanz auf dunkler Flut,
Mit der Nacht die Sinne sinken,
In Träumen strömt des Lebens Glut.

Die Welt wiegt sich im Sommerwind,
Ein leises Rauschen, sanfter Schein,
Geräusche fließen, machen blind,
Ein nächtlich Lied – so warm, so rein.

Fernenflausch

Im Dämmerlicht der Morgenstund,
Ein Flaum von Ferne leuchtet sacht,
Gewebt aus Träumen, leis und rund,
Ein Wunsch in federleichter Pracht.

Die Zeit verweilt in sanftem Hauch,
Gedanken fliegen, leicht wie Staub,
Ein Ferneflausch aus Himmelsbrauch,
Ein Bild, das niemals wird zuträub.

Auf Wolken bettet sich die Ruh,
Ein fernes Leuchten erblüht im Raum,
Im Herzen klopft die Melodie,
Von sanftem Flausch in weichem Traum.

Berührt der Wind die Wimpern zart,
Ein Streicheln fern, doch innig klar,
Der Ferneflausch, so himmlisch zart,
Ein stiller Gruß aus Sternenschar.

Gleiten der Zeit

Die Uhr tickt leise hier
Die Stunden ziehen fort
Sekunden, die vergehen
Entfernend sich vom Ort

Im Schatten schwinden Stunden
Des Mondes bleiches Licht
Ein Augenblick verweilt
Doch lange bleibt er nicht

Erinnerung verblasst
Ein flüchtiger Kontakt
Vergangen ist die Zeit
Die Gegenwart intakt

Im Morgen liegt das Hoffen
Im Gestern schläft das Leid
Durch Zeit in Weiten strömen
Die Zukunft macht uns breit

Die Zeit, sie gleitet fort
Im Flusstal uns'rer Welt
Wohin führt dieser Pfad
Was immer uns gefällt

Unendliche Reise

Weit weg auf fremden Pfaden
Durch Wälder, Meer, und Sand
Streben wir nach einer Heimat
In unerkanntem Land

Endlose Horizonte
Der Sterne sichrer Schein
Das Ziel bleibt uns verborgen
Doch wir sind nicht allein

Die Erde wird uns tragen
Auf Flügeln uns'rer Zeit
Auf Pfaden ohne Ende
Durch endloses Geleit

Die Häfen uns'rer Sehnsucht
Von Träumen leis' umkränzt
Ein Eiland unsern Wünschen
Das Gold des Fernen glänzt

Wir bleiben Suchende
In wogender Natur
Der Kompass uns'rer Herzen
Ein Wegweiser durch Flur

Hauch der Freiheit

Ein Hauch von wilder Freiheit
In allem, was wir tun
Die Flügel uns'rer Seelen
Im Wind der Freiheit ruh'n

Die Ketten sprengen jetzt
Die Herzen schlagen frei
Kein Band, das uns zurückhält
Die Welt im Blick dabei

In fernern Himmelsweiten
Dort, wo die Adler ziehn
Liegt unser Freiheitsdrang
Wo Horizonte glühn

Atem tief entfaltet
Ein Schritt ins Unbekannt
Der Pfad nach vorn geführt
Vom Freiheitswind gebannt

Wir folgen uns'rer Sehnsucht
Der Funke wird zur Flamm
Der Hauch der Freiheit ruft
Und zieht uns stumm und klamm

Luftige Tänze

Im Wind, der sanft verweht
Ein luftiges Ballett
Die Blätter tanzen leicht
Auf weiter, grüner Marquett

Die Lüfte sanft bewegen
Ein Hauch von Melodie
Die Wipfel dort im Wiegen
Gestalten Symphonie

Ein Reigen von Gebärden
Die Wolken ziehen fort
Ihr Tanz in weiten Kreisen
Am himmelblauen Ort

Die Vögel singen Lieder
Im Chor der Lüfte rein
Ihr Flattern wie ein Scherzen
Im heiteren Verein

In all dem Spiel der Winde
Die Freiheit sich verbreit
Durch luftige Tänze gleiten
Die Seele leicht befreit

Lüftiger Reigen

Die Blätter tanzen im Winde,
Ein Reigen aus grünem Gold.
Der Himmel, im Strahlenbunde,
Mehr Geschichten, als je erzählt.

Vögel fliegen hoch im Bogen,
Ein Lied im weichen Blau.
Über Felder, weit verflogen,
Der Himmel ewig grau.

Die Wolken, leicht und locker,
Ziehn' ihre Kreise fein.
Sonnentropfen, sanfte Stöcker,
Schminken den Himmel rein.

Im Grase sitzt das Träumen,
Ein Kind, so frei, so leicht.
Umarmt von sanften Säumen,
Sein Herz, wohin es zeigt.

Luftweg-Flüstern

Horch, der Wind flüstert leise,
Geheimnisse aus alten Zeiten.
Durch Bäume auf geheimen Reise,
Seele will gen Himmel gleiten.

Ein Wispern, kaum zu hören,
Trägt Wünsche fort ins fern' Land.
Die Augen schließen, hell und klar,
Ein Hauch wie warmer Sand.

Segel spannen, Wolken ziehen,
Gen weiten Horizont.
Der Himmel, strahlendes Pergament,
Die Seele still und blond.

Geflüster aus den Lüften,
Wie Lieder zart und fein.
Ein Traum, der uns entzückt,
Wie Sterne im Himmelsschein.

Wehen-Wünsche

Wehen, sanfte Worte klingen,
Flüstern, lauschen, zarte Lieder.
In den Lüften Vögel singen,
Tragen Sehnsucht immer wieder.

Wünschen, ihre Flügel spannen,
Geheimnisse tragen weit.
Träumen, Herzen in Bann,
Unter sternenklarer Zeit.

Fühlen, warm durch Winde wehen,
Seelentrost in klarer Nacht.
Hoffen, einer neuen Gelegenheit,
Wünsche werden leicht entfacht.

Schweben, wie Blätter im Wind,
Gefühle, die das Herz begleiten.
Träumen, alle Menschen sind,
Mit Wünschen oft so weit.

Luftkünstler

Maler, der Luft, dein Pinsel fein,
Himmel, Leinwand, wolkenrein.
Farben tanzen, leuchtend hell,
Kunstwerk, über Berge schnell.

Pinselstriche, Wolken weiten,
Ein Kunstwerk in den Himmelszeiten.
Sonnenstrahlen, Farben breiten,
Ungesehen, doch verheißen.

Künstler, deren Inspiration,
Frühlingswinde, Magie im Ton.
Über Flüsse ziehen bald,
Farbenfrohe Fantasiewald.

Die Lüfte, deine Bühne frei,
Gemälde schweben leihe.
Maler, der das Licht entfacht,
Künstler, Pracht in tiefer Nacht.

Flüstern der Brisen

Ein sanftes Murmeln in der Nacht,
Wenn die Sterne heimlich wachen,
Der Wind, er trägt Geschichten sacht,
Von längst vergang'nen Sachen.

Die Bäume neigen sich dem Klang,
Ein Wispern durch die Blätter,
Der Hauch der Brise, zart und bang,
Verändert Zeit und Wetter.

Und über Felder, weiter Flur,
Da zieht das sanfte Raunen,
Verhüllt in einer zarten Spur,
Der Winde flüstrend Staunen.

In stillen Stunden, tief und klar,
Da bringt die Brise Träume,
Von Wundern, die einst sichtbar war,
In längst vergangenen Räume.

So höre hin, ganz leis' und sacht,
Dem Flüstern der Brisen lauschen,
Es bringt dir manche stille Nacht,
Ein Märchen zum Vertauschen.

Wehende Geschichten

Es rauscht das Blatt im sanften Wind,
Erzählt von fernen Zeiten,
Wo Träume wiegeleichter sind,
Und Sorgen sich durch Gleiten.

Die Lüfte malen zarte Bilder,
Von Abenteuern alt und neu,
Ein Hauch, ein Wispern, nimmer schiller,
Der Winde zarte Scheu.

Auf Flügeln, die die Welt erklimmen,
Da tanzt das Wort im Kreise,
Geschichten, die im Wind verschwimmen,
Verklingen in der leisen Weise.

Ein Duft von Freiheit, weiter Raum,
Verweht im Sommerregen,
Er bringt aus so manchem alten Traum,
Ein klein Stücken Glück entgegen.

So lasst die Winde sacht uns sagen,
Von Orten weit und nah,
Die Geschichten, die die Lüfte tragen,
Sind wunderbare Jahr.

Atem der Freiheit

Die Winde wehen weit hinaus,
Sie tragen unsre Träume,
Von Freiheit, fern dem Alltagsgraus,
In weiten, lichten Räume.

Durch Täler, über Berge fort,
Da zieht ein wilder Hauch,
Frei wie der Vogel südwärts dort,
Verlässt des Winters Schlauch.

Ein Atemzug so rein und klar,
Erfüllt die weite Ferne,
Wie Sterneklarenin der Nacht,
So lockend wie die Sterne.

Erfüllt vom Duft des frischen Grüns,
Eröffnet neue Wege,
Die Freiheit, die im Wind verglühn,
Ein andres, neues Stege.

So atme tief, die Freiheit pur,
Die Lüfte, die uns führen,
Es lockt das Glück in der Natur,
Das neue Ufer spüren.

Lüftiges Geheimnis

Im Säuseln einer sanften Brise,
Verhüllt in weiches Schweigen,
Liegt wie ein Hauch, auf leisen Wiese,
Ein Keim neuen Erzeugens.

Die Winde flüstern stumm und leer,
Von Träumen, die verflogen,
Ein jedes Blatt, so federleicht,
Von einem Hauch gebogen.

Ein stilles Wispern, kaum zu hören,
Verbirgt ein Herzensglühen,
In Lüften, die das Glück beschwören,
Verborgen in den Mühen.

So trägt das Lüftchen leise fort,
Die Sehnsucht unsrer Herzen,
Verborgen in dem stillen Wort,
Das tief und leise scherzen.

Ergreif das windgeheimne Band,
Und lass dich fort entführen,
Zu Orten, die noch unbenannt,
Vom leisen Wind, berühren.

Himmel ganze Reise

Hoch am Himmel, ferne Weiten
Fliegen Sterne, singen Lieder
Reisen wir durch Zeitenbreiten
Glanz verweilt, vergeht doch wieder

Blaue Ferne, stilles Schweigen
Morgenlicht sich sanft ergießt
Reisen wir auf Traumes Wegen
Bis der Stern in Nacht verließ

Zeitenmeer und Himmelsstaub
Sterngefunkel, helles Blinken
Ganzes All im weiten Raub
Doch vertraut im Herzen sinken

Fliegen wir, die Seelen weit
Träume werden Flügel tragen
Unendlicher Raum, kein Geleit
Nur das Licht zu uns mag sagen

Himmel ganze Reise tragen
Im Sternentanz, im Licht der Glut
Warme Ferne, ohne Fragen
Siegend Raum, in stiller Flut

Lüftiger Pinselstrich

Leichte Brise, Farben streichen
Segeln Wolken über Land
In den Lüften leicht vergleichen
Kunst die Blätter, warm verbannt

Sanfter Hauch auf Blumenfeldern
Zärtlich Formen, elegant
Spielen Farben, Musterwäldern
Schwebend Hand, in Licht erkannt

Wind als Pinsel malt die Welt
Jede Wolke sein Gemälde
Fällt das Licht ins Himmelszelt
Ist das Strichwerk Wunderwelle

Freude kehrt in Lüften ein
Lieblich scent, der Duft so rein
Schöpferkraft des Windes reinen
Lässt uns träumen, frei und klein

Lüftiger Pinselstrich des Lebens
Zaubert uns ins weite Glück
Schleiergold und Himmelswebens
Jeder Strich von Farben dick

Windpoet

Wind, der Flüsterer der Weite
Singt Geschichten, fern und leise
Poesie in sanfter Seite
Seiner Kunst des steten Kreise

Streift durch Wälder, über Wiesen
Mit dem Blatt ein Spiel beginnt
Leichtes Schwingen, sanft zu fließen
Lass uns träumen, du und Wind

Fliegt er durch die hohen Bäume
Trägt uns in die weite Ferne
Windpoet der tiefen Träume
Leuchtet uns, als helle Sterne

Reiches Wort, im Hauch der Lüfte
Dichtet Wetter, Blatt und Baum
Unbeirrt durch sanfte Säfte
Schwebend, aus des Himmels Raum

Windpoet, des Horizonts
Sanfte Lyrik im Geleite
Ewig schwingend, nie verflonts
Träumend wortlos, Wind bereite

Wolkentraum

Ein Wolkentraum zieht still vorüber
Sanft wie Seide, leicht und fein
Sternenstaub im Himmel über
Taucht die Welt in weiches Sein

Träumend blickt das Blau hinauf
Weißer Flor in hellem Schein
Schwebend geht der Wolkenlauf
Ist der Himmel unser Heim?

Berge in der Ferne grüßen
Felder winken weit'gen Lauf
Wolkenbilder wechselnd fließen
Spielen Tag und Nacht im Kauf

Sanfter Hauch von fernen Welten
Trägt die Seele weit hinaus
Wolkentraum, von Zeit erhellt
Lässt uns ruh'n in seine Schoß

Wolkentraum, so still und mild
Schenk uns Frieden, sanftes Geleit
Lass uns fliegen, ferne Bild
Träge Sternenstille breit

Faszination Luftstrom

Ein Hauch von Freiheit in der Luft,
Die Winde tragen ferne Lieder.
Ein sanftes Flüstern, zart und ruft,
Träume, die der Sturm verlieh' der.

Ein Streifzug durch die Wolkenwelt,
Zeigt sich in jeder Brise, lauter.
Ein Tanz, der sich in Lüften hält,
Schwingt die Herzen immer weiter.

Wie Segel, die den Himmel küssen,
Lenkt der Wind die weiten Reisen.
Mit Flügeln, die die Sterne missen,
Kommen Träume ganz leise.

Ein Gedicht, geschrieben aus dem Sein,
Mit Luft, die sanft das Lied erzählt.
In heiteren Wolken, weich und rein,
Wird die Faszination nicht verfehlt.

Zephirkunst

Ein sanfter Zephyr webt sein Band,
Durch Felder, Wiesen, weites Land.
Er küsst die Blumen, küsst das Haar,
Und flüstert leise, wunderbar.

Durch Täler zieht er graziös,
Mit einer Kunst so leicht und zart.
Sein Schleier weht, ganz makellos,
Malt auf die Luft den Windesklar.

Die Bäume tanzen nach dem Takt,
Des Zephyrs sanfter Melodie.
Er weht und liebkost unverzagt,
Ein Künstler voller Harmonie.

Ein Kunstwerk aus des Windes Hand,
Erzählt von Freiheit und Geschick.
Er malt und schreibt und singt im Land,
Ein klares, luftiges Gedicht.

Himmelssprache

Ein Wispern hoch im Himmelszelt,
Ein Raunen, das von Freiheit spricht.
Im Wind, da lebt die ganze Welt,
Ein Ewigkeit in sanftem Licht.

Ein Lächeln aus der Wolkenpracht,
Ein Gruß von weit entfernten Sternen.
Der Himmel trägt mit großer Macht,
Die Worte, die die Herzen lernen.

Ein Lied, das in den Lüften liegt,
Gespielt von Wind und Wolkentor.
Ein Echo, das die Zeit besiegt,
Die Himmelssprache klingt empor.

Ein erzählendes, stilles Band,
Gewebt in zartem Windehauch.
Der Himmel, wie ein Freund gesandt,
Spricht leis und sanft – himmlischer Brauch.

Lüfterzählungen

Ein Märchen fliegt im Windeshauch,
Von alten Zeiten, längst dahin.
Der Lüfterzählungen verborgener Bauch,
Birgt Mythen aus der Winde Sinn.

Ein Flüstern, das die Blätter bringt,
Erzählt von Abenteuern weit.
Ein altes Lied, das leise singt,
Von Liebe, Freude, Traurigkeit.

Die Winde tragen weise Wort,
Von Inseln, die im Traume ruh'n.
Ein Lüfterzählung an ein Ort,
Wo fern die alten Häuser ruh'n.

Ein Zauber liegt in jedem Schwung,
Ein Hauch von Ewigkeit im Sinn.
Die Lüfte fügen Lied und Gesang,
Zu Märchen aus des Winde Sinn.

Echo im Wind

Im Wind, ein stilles Flüstern
Verblasst die Dunkelheit
Das Echo einer Sehnsucht
Durchstreift die Ewigkeit

Blätter singen leise
Von einer alten Zeit
Die Bäume, sie erzählen
Von Schmerz und auch von Leid

Der Mond in dunklen Stunden
Erspäht der Bäume Tanz
Bewacht mit stiller Würde
Des Windes kühlen Glanz

Ein Raunen in der Ferne
Ein Lied, das nie verging
Im Herzen der Natur
Wo neue Hoffnung springt

Im Wind, da weht die Liebe
So frei, so ungebunden
Und deckt die Erde zu
Mit alten, tiefen Wunden

Gesang der Böen

Ein Lied erklingt im Winde
So wild und doch ganz klar
Durch Täler und durch Wälder
Erzählt es, was einst war

Es trifft auf stroherne Dächer
Auf reifgewordne Felder
Er hebt die alten Zäune
Und beugt die stolzen Wälder

Der Himmel tief und dunkel
Begleitet diesen Klang
Die Bäume tanzen leise
Zum Windes Melodienschwang

Die Böen, sie erzählen
Von fernen, wilden Reisen
Und jeder, der es hört
Wird Teil von ihren Kreisen

So wandert dieser Gesang
Von Land zu stiller See
Ein Zeuge alter Zeiten
Und Stürme im Gelee

Wispernde Wolken

Am Himmel zieh'n die Wolken
Voll flüsterndem Vertraun
Sie sprechen alte Worte
In sanften stillen Glaun

Sie singen von den Sternen
Von Zeiten lang entflohn
Und in des Himmels Weite
Erweitern sie den Ton

Die Wolken so verträumt
Im leichten Himmelsbett
Sie flüstern alte Lieder
Von längst vergangnem Nett

Des Windes sanfte Hände
Die treiben sie aufs Neu
Durch Weiten, die sie tragen
Zum Horizont voll Treu

So schweben sie verknüpft
Mit Träumen über Land
Und flüstern ihre Weisheit
In jedes Kindersand

Kraft der Böen

Durch's Land da wehen Böen
Mit ungebrochner Macht
Sie tragen fort die Sorgen
Durch ihre stille Pracht

Sie biegen starke Bäume
Und treiben Wolken weit
Verlieben sich in Stille
Entflammen im Geleit

Die Luft erfüllt mit Schwere
Und doch auch federleicht
Entfaltet dort die Stärke
Die Höhen sie erreicht

Ein Schauspiel ungebändigt
Die Böen tanzen frei
Durchfluten jede Straße
Des Himmels starke Heiß

So machtvoll und beständig
Erfüllen sie das Land
Und bergen in den Stürmen
Des Windes Zauberband

Winde der Veränderung

Hauch der Zukunft, flüsterfremd,
Zeiten wandeln, welch ein Trend.
Hügel steigen, Täler flieh'n,
Neu beginnen, weiter zieh'n.

Wind, der Zweifel sanft verweht,
Zögernd auf den Wegen steht.
Löst die Ketten, Träume frei,
Alter Glaube, junges Ei.

Tänzelnd über Felder weit,
Sanft im Schein der Ewigkeit.
Nacht für Nacht, der Hoffnungswind,
Neues Leben uns entspinnt.

Wandelstill und laut zugleich,
Führt er uns durchs Himmelsreich.
Tragen uns auf Flügeln weit,
Winde der Veränderung - Zeit bereit.

Horch, das Raunen, Sturmgebraus,
Doch im Herzen ist ein Haus.
Darin keimt die Zuversicht,
Licht der Zukunft, hoffnungsdicht.

Flüsternde Ozeane

Wellen singen, sacht und leis,
Meer der Träume, endlos weiß.
Geheimnisschwer, die Tiefe ruft,
Wogenschlag, der Seele Luft.

Schaumgeküsste Küsten linien,
Liebeslieder, die erklangen.
Mondlicht über Wasser duftet,
Flüstern, das die Nacht durchzupft.

Sternenklare Nächte weiten,
Meer und Himmel, Zeit verbreiten.
Leuchtend im Gestirn das Blau,
Flüsternd, sanftes Welten-Bau.

Ströme gleiten, Lieder klingen,
Sanfte Melodien, die wir singen.
Geheimnisse des Meeres klar,
Weisheit, die schon immer war.

Hör das Raunen von den Tiefen,
Gezeiten, die uns Stille riefen.
Flüsternde Ozeane, sei
Unser Herz und ewig frei.

Geheimnisse der Lüfte

Leise flüsternd, hoch im Raum,
Luftgespinste, wie ein Traum.
Flügel tragen Phantasie,
Vögel ziehen, Wolken zieh'n.

Himmlischreigen, Opfer dar,
Sonne glänzt im Wolkenhaar.
Windversprechen, fern und nah,
Lächelt nieder, was hier war.

Auf den Pfaden unsichtbar,
Trägt die Lüfte wunderbar.
Geheimnisvoll und tief im Schweben,
Neues Streben, neues Leben.

Kranichflüge weit hinaus,
Suchend nach des Himmels Graus.
Weisheit trägt, was leise spricht,
Schatten, doch das helle Licht.

Rauch und Nebel, flüchtig weich,
Fühlt und fliegt im Wolkenreich.
Lüfte, die die Zeit berieten,
Flügel die zum Ziel uns leiten.

Samhain's Brise

Herbstlich Geister, Nebelhauch,
Samhain's Brise, sternenklar.
Blätter wirbeln, fliegen leicht,
Zeit für Unsichtbares reich.

Nächte längen, Dunkel spricht,
Winde tragen Flämmchen Licht.
Erntedank und Schattenzeit,
Sinnen auf die Ewigkeit.

Zwischen Welten, dünne Wand,
Boten aus dem Andersland.
Wispert Stimme, leise Klage,
Brise nimmt die Zeit nicht wahr.

Feuer flammen, Tanz und Kreis,
Flüstern durch die Nebelschei's.
Ahnen wandeln Hand in Hand,
Brauchtum hält uns fest im Land.

Horch, das sanfte Raunen leis,
Samhain's Brise, zarter Fleis.
Freudentanz und Wehmut gleich,
Ewig ruht im Seelenreich.

Geborener Strahl

Ein Lichtstrahl, der den Tag erwacht,
In Morgenröte eingetaucht,
Geboren aus der tiefen Nacht,
Ein Wunder, das der Himmel braucht.

Erzählt von Farben, die geschehen,
In sanften Tönen, rein und klar,
Und in der Stille kann man sehen,
Wie schön des neuen Tages Schar.

Im Glanz der Ewigkeit gefangen,
Strahlt er mit unendlichem Sinn,
Kein Tag vergeht, kein Traum vergangen,
So trägt das Licht ein Liedel in.

Die Welt in Farben schillernd prangend,
Lichtstrahl tanzt im Morgentau,
Geboren, um den Tag zu fangen,
Im Glanz der Sonne, Himmelblau.

Erleuchtet wird der Pfad des Lebens,
Von des Strahles heller Bahn,
Und jeder Tag ist neues Streben,
Nach dem Licht, das uns umfahn.

Hauch der Sterne

In der Nacht, wenn alles schweiget,
Flüstern Sterne leis' ihr Lied,
Ein Hauch, der sich an Herzen reibet,
Von alten Tagen, die verzieht.

Strahlend durch das dunkle Schweigen,
Fällt ihr Glanz auf unser Sein,
Im Himmel stille Wege zeigen,
Wo Träume Sterne uns verleih'n.

Jedes Funkeln, sacht und leise,
Erzählt von fernen Welten fern,
Ein Hauch der Sterne, Gottes Gleise,
Von Himmelsträumen, Wohlgefahr'n.

Der Mond, der still und silberfunkelnd,
Die Sterne zärtlich bei sich hält,
Ein Reigen, zart und wunderunkelnd,
Ein Hauch der Sterne, Zauberwelt.

Im Dunkel dieser klaren Stunden,
Wo Ewigkeit den Atem hält,
Endlos Funkeln, leise Enden,
Sternenhauch, im Wind erzählt.

Brisenfabel

Im sanften Hauch der Morgenbrise,
Erzählt der Wind uns leise Mär,
Von alten Zeiten, Märchen, Riese,
Von Sagen voller Zauber, schwer.

Die Brise trägt die Worte weiter,
Vom Meer bis hin zum Waldesrand,
Und jedes Wort wird immer heiter,
In einer fabelhaften Band.

Es tanzt ein Lied auf leisen Schwingen,
Ein Märchen, das der Wind uns bringt,
Die Luft erfüllt mit leisen Dingen,
Die nur das Herz im Innern singt.

Ein Wiesel flüstert, leise raunt,
Vom Abenteuer, wild und frei,
Der Wind, mit Geschichten ungebäunt,
Trägt Träume in die Lüfte bei.

Und so lauschen wir gebannt,
Den Brisengeschichten weit und nah,
In jedem Hauch, Natur erkannt,
Ein Märchenweben, wunderbar.

Atemklang

Ein ruhig sanfter Atemzug,
Im Einklang mit dem Herzenslaut,
Ein Hauch des Lebens, stets genug,
Ein Flüstern, das die Seele taucht.

In jeder Welle, die da zieht,
Ein Klang, der uns ins Leben ruft,
Wenn jeder Schritt uns weiterführt,
Ein Atemklang, der bei uns ruht.

Durch jede Nacht und jeden Morgen,
Erklingt der Ton, so rein und klar,
Ein Atemzug, frei von Sorgen,
Ein Rhythmus, der uns immer war.

Still lauschen wir dem Herzenschlag,
Im Einklang mit der Atemkunst,
Ein Ton, der durch die Stille mag,
Ein Ja zum Leben, freudenkund.

Und so verweben sich die Klänge,
Zum Lied des Lebens, sanft und weich,
Ein Atemklang durch alle Gänge,
Ein Ton, der uns im Herzen gleich.

Bote des Himmels

Hoch am Firmament, so klar
Ein Bote gleitet wunderbar
Mit Flügeln zart und Aug' voll Glanz
Verspricht er uns den Himmelstanz

Durch Wolken licht, so federleicht
Sein Ruf uns bis in Herzen reicht
Ein Hoffnungsschimmer fern und nah
Erzählt uns, was er einst ersah

Der Tag vergeht, die Nacht erblüht
Der Bote singt im Dunkel Lied
Ein sanfter Hauch von Ewigkeit
Versöhnt uns mit der Einsamkeit

Im Traum verscheucht er unsere Not
Gibt Hoffnung selbst im größten Trott
Ein Flügelpaar, so weiß und rein
Verspricht uns Licht im Seelenschrein

Sein Lied verklingt im Morgenlicht
Doch seine Botschaft uns verspricht
Ein neuer Tag in Gottes Gunst
Ein Augenblick voll Himmelskunst

Traum der Winde

Ein Hauch, so sanft im Morgenhauch
Im Traum der Winde still und sacht
Erzählt von ferner Welten Pracht
Und weckt uns aus des Schlafes Rauch

Durch Wiesen flüstert zart sein Lied
Ein Rausch aus Blüten, Duft so lieb
Verspricht uns Äther, klar und weit
Und schenkt uns eine zarte Zeit

Erst leise, dann so wild und frei
Umarmt der Wind den Horizont
Wie leicht ein Herz sich heben kann
Wenn Wind uns seine Freiheit leiht

Die Wolken tanzen, Himmelblau
Im Winde wiegen sich die Bäume
Ein Traum, der ewig uns betört
Und entfacht die schönsten Träume

Der Abend naht, der Wind nun still
Er haucht uns gute Nacht und Ruhe
Im Schlaf, da träumen wir erneut
Von Winden, leis' und voller Muße

Zarte Umarmungen

Sanft schmiegt sich Licht um Laub und Ast
Ein Band aus Glanz und Morgenlust
Die Welt erwacht in Farbenpracht
Und schenkt uns zarte, warme Rast

Ein Frühlingstag, so voller Kraft
In Blütenkelchen Liebe ruht
Umarmen sich in Morgentau
Die Farben, die der Frühling schafft

Ein Flüstern, das die Luft durchzieht
Ein Wispern zarter Umarmung
Ein Neubeginn mit jedem Blick
Ein Glück, das seine Kreise zieht

Die Vögel singen reine Lieder
Ein Tänzchen leicht im Blättergrün
Die Welt, sie scheint so voller Liebe
Im zarten Lichte das beginnt

Im Abendrot, das uns nun küsst
Verklingen all die sanften Töne
Die Umarmung bleibt in Herzen froh
Ein Tag, so zart, im Glücksgestöber

Schweben und Wehen

Ein Hauch von Zauber in der Luft
Der Morgen trägt ein sanftes Lied
Ein Schweben und ein leises Wehen
Das jede Sorge sanft vergibt

Der Tag erhebt sich federleicht
Die Wolken ziehen still vorbei
Im sanften Schweben und im Wehen
Fühlt sich das Herz so sorgenfrei

Ein Sommerbrise, zart und warm
Umspielt das Land, so weich und mild
In Wehen und im leichten Schweben
Wird uns der Alltag fast gestillt

Der Abend naht mit sanftem Glanz
Ein Leuchten wirft der Sterne Licht
Im silberklaren Schweben, Wehen
Die Nacht ein zartes Lied verspricht

Die Welt in Ruhe nun versinkt
Ein Schweben, Wehen, sanft und rein
Im Traum, da kehren sie zurück
Die Lüfte, die die Seele wiegen

Echos des Himmels

Im blauen Meer der Sternennacht,
wo Mondlicht sanft die Schatten bricht,
flüstert der Wind in stiller Pracht,
ein Lied von Hoffnung, leise, dicht.

Die Wolken schweben frei empor,
fühlen sich leicht, in Lüften klar.
Echos des Himmels, wie zuvor,
tragen die Träume, unsichtbar.

Im Hauch des Abends, sanfte Glut,
schimmert der Glanz verganger Zeit,
Ferne Gefilde, sanft und gut,
zurück bleibt nur des Sterns Geleit.

Wenn Dunkelheit die Welt umschließt,
und wieder kehrt des Morgens Licht,
erinnert uns ein Stern, der fließt,
die Echos, die die Nacht verspricht.

Wispernde Nebel

Unter dem Blätterdach der Welt,
wispern leise Nebelklänge.
Ein Schleier, der das Leben hält,
in flücht'gen Perlensprüh-Gesänge.

Des Waldes Geist, so heimlich still,
erzählt den Wind von alter Zeit,
wo Menschen träumten mild und will,
in weichen Schatten sanft bereit.

Die Tautropfen fallen, kaum gehört,
doch tragen sie der Erde Lied;
in dieses Wispern ungestört,
webt sich der Nebel träumend mit.

Wenn Sonnenstrahl der Nebel bricht,
und Farben neu das Leben grüßt,
vergeht der Schleier, doch er spricht,
vom weißen Traum, der Erde küsst.

Zärtlicher Atem

Ein Hauch durchzieht das weite Land,
umarmt die Bäume sanft und sacht,
gestreichelt von der liebe Hand,
in zärtlicher, lebend'ger Macht.

Die Blumen wiegen sich im Wind,
sein Atem schenkt der Welt 'nen Kuss,
Gefühle, die wie Blätter sind,
berühren weich in stillem Fluss.

Ein Klingen, sachte und subtil,
durchzieht die Lüfte stetig fein,
erhebt den Geist und reines Spiel,
lädt ein zum Träumen, ruhig und rein.

Wenn Dämmerung die Nacht begrüßt,
umarmt der Wind noch zärtlich sacht,
zur Ruhe kommt, was sanft versüßt,
der Atem, der den Tag bewacht.

Liebkosungen der Lüfte

Wenn sanft der Wind die Felder küsst,
und sacht die Ähren sich verneigen,
spürt man wie jedes Blatt sich löst,
trägt Liebkosungen, sanftem Schweigen.

Ein Flüstern geht durch Baum und Hecken,
je Blatt erzählt von ferner Zeit,
von Freude, die in Lüften stecken,
in Melodien sanft gebreit.

Der Sommerwind, er streift das Land,
berührt mit Liebe jede Pflanze,
verleiht dem Tag, was Licht entbrannt,
ein Hauch von zarter Odemschanze.

Und wenn der Abend leis' sich neigt,
die Dämmerung die Welt umhüllt,
erzählt der Wind, was heiter zeigt,
dass jede Nacht vom Traum erfüllt.

Säuselnde Weite

Durch Felder weit und klare Sicht,
Träumt die Seele sanft und leicht,
Wolken ziehen, sacht und schlicht,
Himmelblau, das Herz erreicht.

Die Gräser flüstern durch das Land,
Erzähl'n von Zeiten, die vergeh'n,
Ein Hauch von Freiheit greift die Hand,
Lässt uns voller Hoffnung steh'n.

In stillen Nächten leise singen,
Die Winde Lieder, alt und neu,
Gefühle tief im Herzen klingen,
Im Einklang, frei und heil.

Die Sterne funkeln, fern und nah,
Ein Zauber webt sich sacht herein,
Wir träumen weiter, Jahr für Jahr,
Von einer Weite, ewig rein.

Ein Hauch von Ewigkeit ertönt,
In dieser Landschaft, weit und klar,
Die Seele frei und leicht verwöhnt,
Geborgen in der Wolkenschaar.

Wolkenmelodie

Eine Melodie, die Wolken tragen,
Seidiges Blau durchzieht den Raum,
Sanfte Töne, die nicht fragen,
Tanzen durch den Himmelstraum.

Ein Hauch von Ferne, unerreicht,
In Weiß und Gold die Wolken schweben,
Ein Lied der Stille, ungleicht geweiht,
Erzähl'n von einem leichten Leben.

Die Lüfte flüstern, sacht und weich,
Ein Lied, das über Wiesen geht,
Die Sinne füllen sich, ganz gleich,
Mit Tönen, die kein Ende seht.

In sanften Böen, fern und weit,
Verklingt die Wolkenmelodie,
Die Herzen werden still und breit,
Im Einklang mit der Harmonie.

Ein Himmelslied, so rein und klar,
Erfüllt die Seele voller Glück,
Wir hoffen, dass es ewig war,
Und kehren immer wieder zurück.

Reise der Brisen

Die Brisen reisen still und fein,
Durch Wälder, Flüsse, Meeresflut,
Begleiten uns im Sonnenschein,
In ihnen ruht ein tiefer Mut.

Durch Berge und durch Täler leise,
Zieht jede Brise ihren Kreis,
Beschreibt mit einem Hauch die Reise,
Und flüstert süßen Seelenfleiß.

Sie tragen Botschaften von Zeit,
Die uns vergessen, wer wir sind,
In jedem sanften Augenblick,
Erwecken uns, wie ein Kind.

Die Lieder, die die Brisen singen,
Sind voller Weisheit, alt und neu,
Im Herzen spüren wir ein Klingen,
Und fühlen uns erneut frei.

So ziehen Brisen durch das Land,
Beschenken uns mit sanfter Kraft,
Der Weg, der ohne Wiederstand,
Uns stets zur neuen Freiheit schafft.

Windige Weisheit

Die Winde flüstern sanft und fern,
Erzählen uns von alten Tagen,
Weisheiten, die wir tief im Kern,
Wie alte Freunde in uns tragen.

Ein Sturm, der wild durch Wolken zieht,
Vereint die Kräfte, stark und frei,
Verkündet uns im Lustgeblüt,
Von der endlosen Seelenschrei.

Die Lüfte tragen stille Worte,
Durchs weite Land, von Ort zu Ort,
Ein Echo, das in Tiefen bohrte,
Findet seinen eig'nen Hort.

So hör' die Winde, weise Pflicht,
Gesänge voller Ahnung, leicht,
Die Melodie, die niemand bricht,
In Herzen, die das Weite reicht.

Die Weisheit, die der Wind erzählt,
Verwoben mit des Lebens Fahrt,
Ist wie ein Stern, der stets einfällt,
Und uns mit seiner Wärme paart.

Wogen im Himmel

Die Wolken ziehen sanft dahin,
Im Himmelsmeer ein leises Beben,
Die Sonnenstrahlen spielen schön,
Im Blau das wirft die weißen Segen.

Ein Hauch von Ewigkeit im Wind,
Der Himmel tanzt in sanften Wogen,
So weit das Auge sehen kann,
Ein Paradies, von Schöpfung durchzogen.

Der Vogel singt im freien Raum,
Freiheit fühlt sich himmlisch an,
Die Erde ruht im Himmelsstaub,
Und alles wirkt so wohlgetan.

Die Sterne warten still und klar,
Die Nacht erfüllt mit ihrem Licht,
Im Himmelsmeer, so wunderbar,
Verliert sich jede irdische Sicht.

Die Wogen tragen unser Sein,
Im Himmelsglanz wir alle schweben,
In diesem Raum, so weit und rein,
Können wir den Frieden leben.

Linder Hauch

Ein Hauch von Frische, zärtlich fein,
Durchströmt den Tag mit sanftem Segen,
Im Sommerlicht, so klar und rein,
Liegen wir im stillen Regen.

Der Wind, der durch die Bäume streicht,
Erfüllt die Luft mit leiser Ruh,
Ein Wohlklang, der das Herz erreicht,
Mit Liebe, die dem Augenblick zu.

Die Felder wiegen im sanften Takt,
Getragen von des Windes Spiel,
Ein Gleichklang, der sich niederlegt,
Im Herzen bleibt ein friedlich Ziel.

Der Abend senkt sich leise nieder,
Mit ihm der Hauch, die sanfte Ruh,
Die Sterne leuchten immer wieder,
Im Wind, da tanzt die Seele zu.

Ein linder Hauch, der uns umgibt,
Der Seele Sanftmut, still und weich,
Ein wohlig Glück, das ewig blieb,
Im lauen Wind von Himmelreich.

Schwingen des Himmels

Ein Adler kreist im weiten Blau,
Die Schwingen weit im Wind sich wiegen,
Der Blick so fest, die Freiheit rau,
In Höhen, die die Sterne fügen.

Die Lüfte tragen, stark und mild,
Den Schwingenflug durch freie Weite,
Der Horizont, er bleibt das Ziel,
Ein Himmelsband, voll Ewigkeit.

Die Wolken ziehen sanft vorbei,
Ein Tanz im Licht der Morgensonne,
Ein Traum, der lebt, so klar und frei,
In Schwingen liegt die Himmelswonne.

Ein Lied erklingt aus weiter Ferne,
Vom Winde zart herangetragen,
Die Seele fliegt mit den Sternen,
Lässt jede Last im Sturm versagen.

Die Schwingen tragen unser Sein,
Zum fernen Ziel, so unbegrenzt,
Im Himmelsflug, durch Raum und Zeit,
Ein ew'ges Band, das uns ergänzt.

Puls der Lüfte

Ein Rauschen weht durch Blättergrün,
Der Puls der Lüfte sanft und rein,
Ein sanfter Hauch, der Friede bringt,
In Herzen, die voll Liebe sein.

Der Morgenkuss, so leicht und klar,
Vom Wind, der durch die Wälder streift,
Die Vögel singen wunderbar,
Ein Lied, das in die Lüfte greift.

In sanften Wellen, kaum zu seh'n,
Die Lüfte tragen Himmelslust,
Ein leises Flüstern kann besteh'n,
Das Herz erfährt des Windes Brust.

Im Tanz der Lüfte, voller Nacht,
Das Herz schlägt ruhig, sanft und mild,
Der Mond in stiller Pracht erwacht,
Ein Traum, der jede Sehnsucht stillt.

Der Puls der Lüfte trägt uns weit,
Ein Atemzug, der Liebe weht,
In diesem Raum von Ewigkeit,
Die Seele leis' im Himmel geht.

Hauch der Dämmerung

Ein leiser Hauch, der Tag vergeht,
Die Sonne sinkt, der Mond ersteht.
Im Zwielicht Schweigen ringsumher,
Die Seele träumt, die Welt wird leer.

Vergangene Zeit, ein zarter Kuss,
Verblasst im Schatten, sanfter Fluss.
In flüsterndem Abendlicht,
Verblasste Farben, dämmriges Gesicht.

Sterne blinken, fern und klar,
Die Nacht erzählt, was einmal war.
Ein Spiel von Licht und Schatten hier,
Verwebt die Träume, Nachtkabinett mir.

Das Herz schlägt leise, wehmutsvoll,
Im Dunkel doch, so friedevoll.
Der Hauch der Dämmerung umhüllt,
Was einst lebte, nun sanft erfüllt.

Im Schlaf der Welt, der Geist erwacht,
Der Traum umarmt, was uns bewacht.
Ein leiser Hauch, die Nacht so rein,
Verborgenes flüstert, Ewig sein.

Windgeflüster

Ein Flüstern in der stillen Nacht,
Weckt Träume, sanft entfacht.
Der Wind erzählt von fernen Land,
Wie Märchenbücher, unbekannt.

Der Baum sich leise neigt im Takt,
Ein wogend Rauschen unverzagt.
Ein Lied der Lüfte, wild und frei,
Von Horizonten, weit dabei.

Im Tanz der Blätter, sanft und sacht,
Ein Hauch von Freiheit, der uns lacht.
Des Windes Lied, ein ewiges Spiel,
Von Sehnsucht, Hoffnung, süßes Ziel.

Der Sturm, er weint, er lacht und singt,
Die Seele hebt, ein Kind noch bringt.
Ein Wispern durch das Feld und Hain,
Geflüster lädt zum Träumen ein.

Im Herzen bleibt der Windesklang,
Ein Hauch von Leben, Tag und Nachtgang.
Das Flüstern trägt uns fort und fort,
Ein sanfter Trost an jedem Ort.

Geflüster der See

Die Wellen singen leise her,
Ein Melodie von fern und nah.
Ein endlos Raunen, wunderbar,
Geflüster der See, immer da.

Die Gischt am Ufer schäumt und lacht,
Ein Spiel der Wellen, kleine Pracht.
Ein Lied von Ewigkeit, so klar,
Im Ozean, kein Ende war.

Der Meeresduft, der bunte Klang,
Verweht die Sorgen, fühlt sich lang.
Ein Flüstern, weich wie Samt und Seide,
Begleitet uns auf unsrer Meide.

Das Weite ruft, der Horizont,
Ein Ruf von Freiheit, hell erklaut.
Das Meer erzählt von tiefem Grund,
Als Zeit und Raum im Kreis sich rund.

Die See, sie flüstert, nur uns zwei,
Ein ewig Rauschen, immer neu.
Geflüster, das zur Seele spricht,
Ein Lied der Welt, im Morgenlicht.

Zartes Wehen

Ein zartes Wehen durch die Nacht,
Die Sterne leuchten, sanfte Pracht.
Der Wind erzählt in stiller Ruh,
Ein Lied von Liebe, zart und schuh.

Der Mond beleuchtet milde Zeit,
Die Dunkelheit, die zart uns leiht.
Ein Flüstern, leise in der Luft,
Wie süße Sehnsucht, still und ruft.

Die Blumen träumen leicht und bunt,
Im sanften West, ein tiefer Grund.
Ein flüchtig Wehen, neu erblüht,
Und mit der Nacht in Einklang zieht.

Im Wiesengrün und Blättermeer,
Ein Hauch von Frühling, immer mehr.
Der Wind erzählt von fernen Träumen,
Von Wundenheilen unter Bäumen.

Ein sanftes Wiegen, Herz in Ruh,
Im zarten Wehen, Glück im Nu.
Das Leben tanzt in Sternenlicht,
Ein leises Lied, das sanft verspricht.

Tanzender Luftschmuck

Ein Hauch von Wind im Sonnenschein,
fein und weich, so klar und rein.
Er strahlt im Licht, ein sanftes Stück,
ein Glanz, ein Traum, ein Luftschmuck.

In der Brise wiegen leise,
Schwebend frei auf hoher Reise.
Sie tanzen, fliegen, unbeschwert,
die Luft, sie wird von Schmuck verklärt.

Funken, die im Himmelsblau,
geboren aus des Windes Tau.
Ein Reigen aus der Freiheitsspur,
so zart, so leicht, die Luft ist nur.

Im schimmernden Glanz der Sterne,
zieren Lichter uns von Ferne.
Sie funkeln, blitzen, voller Pracht,
der Wind hat solche Kunst vollbracht.

Tanzen leise, hoch und weit,
tragen Träume durch die Zeit.
Ein ew'ger Glanz aus Luft gemacht,
der Wind, er hat das Gold entfacht.

Luftschreiber

In der Luft, da schweben Worte,
von Gedanken weit fortorte.
Sie zeichnen Silben, traulich rein,
mit federleichtem Himmelsstein.

Ein Windhauch formt die sanfte Schrift,
die Seele folgt, so leicht und sacht.
Luftschreiber flüstern leis' ihr Lied,
das Herz in fernste Ferne zieht.

Mit jedem Strich ein zarter Hauch,
Gedanken frei und klar im Brauch.
Im Wind erblüht die leise Spur,
Geschichten wehen, zart und pur.

Mit Wolken und dem hellen Glanz,
schreiben sie im Lichtertanz.
Ein Märchen reich, das niemand kennt,
dass tief ins Herz die Welt versenkt.

So weht der Wind, schreibt still und leis',
in uns'rem Geist, ein Paradies.
Luftschreiber weben, schön und fein,
Gedichte rein in Luft und Schein.

Geheimnisse des Sturms

Wenn der Sturm die Bäume beugt,
die Welt in wilder Macht sich beugt.
Da flüstern Wolken, nah und fern,
von Geheimnissen, die tief und stern.

Ein Dröhnen in des Windes Braus,
ein Wispern, das die Nacht durchlaus.
Im Sturme wirbeln Träume sacht,
der Himmel zeigt, was keiner dachte.

Gewaltig bricht das Wellenmeer,
mit unserem Sehnen, wild und schwer.
Im Wirbel tanzt die große Macht,
von ahnend tiefer, dunkler Nacht.

Des Blitzes Zorn, ein helles Licht,
enthüllt das Dunkel, doch man sicht,
die Wahrheit tief in jedem Hauch,
zieht sich zurück ins Sturmesbrauch.

Im Sturm verborgen, mächtig fein,
Geheimnisse im Wind allein.
Nur jene, die das Ohr ihm leihn,
verstehen seiner Kraft den Schein.

Tanz der Brisen

Wenn Brisen zart und leise ziehn,
Im Reigen durch die Lüfte fliehn.
Sie tanzen frei in sanfter Ruh,
und tragen uns're Träume zu.

Ein Kuss des Windes, federleicht,
Ein Spiel, das in den Herzen reicht.
Sie drehen, schweben, unbeschwert,
Der Tanz, den jede Seele nährt.

Im Morgentau und Abendlicht,
zeigt sich der Brisen reines Gesicht.
Ein Flüstern, das die Seele streicht,
Ein Lied, das voller Freiheit reicht.

Die Blätter rauschen, singen Lieder,
Geflüster uns'rer Herzen wieder.
Der Tanz im Wind, er bringt uns heim,
Zu Träumen, die so endlos scheinen.

So tanzen Brisen, leicht und frei,
Im Himmel, über'm grünen Wei.
Tragen Gedanken, sanft und sacht,
Ein Tanz, der Liebe in uns entfacht.

Von Winden getragen

Ein Wispern in den Blättern, weich und schwer,
trägt Sehnsucht durch die Lüfte, weit und fern.
Die Winde singen Lieder, die wir nicht verstehen,
sie nehmen uns mit, wohin wir nicht sehen.

In blühenden Wiesen, auf sanftem Gras,
schwebt ein Traum, der nie zu Ende war.
Gedanken fliegen mit, auf unsichtbaren Bahnen,
während die Winde geheimnisvolle Namen ahnen.

Durch Täler und über Hügel, still und kühn,
schleichen die Winde, wie ein leiser Ozean.
Sie flüstern Geschichten aus fernen Welten,
tragen unsere Träume in unbestimmte Zeltreihen.

Alles verbindet sich, wird eins im Raum,
in einer Melodie, so frei wie ein Traum.
Die Winde tanzen, rufen uns Namen,
wir lauschen, inmitten von Glanz und Straßen.

Auf den Flügeln des Himmels, weit und weit,
tragen uns die Winde, in tiefe Zeit.
Sanft berühren sie, was der Seele geheim,
und malen mit Luft den unendlichen Reim.

Hauch des Südens

Ein Hauch des Südens streift mein Angesicht,
wie Seide weich, durch Sonnens Licht.
Fernes Land, wo Olivenbäume blüh'n,
duften die Lüfte, erfüllen den Süden.

Die Sonne brennt, der Himmel strahlt,
die Hitze dringt, die Seele malt.
Eine Brise weht, so sanft und klar,
trägt süße Lieder, von daheim so nah.

Zypressen stehen stolz und still,
weit breitet sich das weite Bild.
Die Luft erfüllt von Weingärten, Reben,
ein Hauch des Südens lässt uns beben.

Blühende Orangen, Zitrusduft,
die Winde singen sanft und ruft.
Versunken sind wir im warmen Glanz,
ein Hauch des Südens, des Sommers Tanz.

Unter dem blauen Himmelszelt,
umarmt uns sanft die südliche Welt.
Ein Moment der Zeit, gefangen im Wind,
ein Hauch des Südens, der Träume spinnt.

Brisen der Erinnerung

Im Flüstern der Brisen, vergangene Zeit,
erinnert sich die Seele, leise und weit.
Bilder tauchen auf, im sanften Wehen,
Vergangenheit wird lebendig, bleibt bestehen.

Frühlingserwachen, der Blumen Blüh'n,
Brisen erinnern an Momente, die verglüh'n.
Die Kindheitstage, so leicht und frei,
tanzen im Wind, der Erinnerungsglei.

Sommerabende, die Wärme trägt,
ein Hauch von Nostalgie, der leise schlägt.
Die Brisen singen Lieder von einst,
ein Vergessen, das der Wind verweint.

Herbstlaub weht, in goldener Pracht,
Erinnerungen erwachen in der Nacht.
Die Brisen flüstern Geschichten, so klar,
von Liebe, von Mut, von Gefahr.

Winterfrost, der Atem geht,
tief in den Brisen, die Seele steht.
Die Zeit vergeht, doch bleibt sie hier,
in den Brisen der Erinnerung, so nah bei dir.

Schwebe des Moments

Ein Augenblick, in der Schwebe verharrt,
zwischen Heute und Morgen, ein seltsamer Start.
Der Wind trägt sanft, was die Zeit enthüllt,
ein Moment, der die Seele still auffüllt.

Im Schweben der Welt, scheint alles neu,
Momente fangen Licht, ziehen uns treu.
Ein sanfter Hauch, der Augenblick lebt,
die Zeit hält den Atem, als sich alles hebt.

Der Fluss des Jetzt, in fließender See,
trifft auf die Ewigkeit, sanft und jäh.
Ein Gefühl, so federleicht und zart,
die Schwebe des Moments, die uns umfängt.

Jeder Atemzug trägt das Leben sacht,
ein Tanz in der Zeit, in stiller Nacht.
Ein Moment der Ewigkeit, der bleibt bestehen,
wo Gefühle und Gedanken zusammengehen.

In der Schwebe des Moments, so fern und nah,
fängt die Zeit den Raum, wunderbar.
Ein Hauch von Unendlichkeit weht, und dann,
ist der Moment vergangen, und beginnt von Anfang an.

Süße Winde

Ein Wispern in der Ferne, leise und klar,
Streichelt sanft mein Ohr, wunderbar.
Süße Winde singen, so zart,
Ein Lied der Freiheit, der Seele apart.

Blumen neigen sich im sanften Tanz,
Ihr Duft entführt mich, verzaubert ganz.
Die Wolken schweben, leicht und fein,
In süßen Winden, da will ich sein.

Der Himmel öffnet seine Arme weit,
Umhüllt die Erde in sanfter Zeit.
Süße Winde, ihr tragt mich fort,
Zu einem stillen, friedlichen Ort.

Ein Lächeln in der Abendbrise,
Wie ein Kuss der Liebe, sanft und leise.
Süße Winde, flüstert mir zu,
Von Träumen, die ruhen im Herzen nun.

In euren Armen fühle ich's genau,
Süße Winde, ihr bleibt mir treu.
Eure Melodie, so klar und rein,
Ich schließe die Augen und lasse mich sein.

Lied der Lüfte

Ein Lied der Lüfte, sanft und rein,
Erzählt von Orten, fern und klein.
Mit jeder Note, die sie singen,
Lässt die Seele sich durchs Leben schwingen.

Die Vögel stimmen mit ein, so zart,
Ein Chor der Freiheit, im Herzen bewahrt.
Jede Melodie ein zarter Traum,
In den Lüften tanzen, wie ein Baum.

Die Winde tragen diese Lieder fort,
Durch Wälder, Wiesen, an jeden Ort.
Sie klingen hell im Morgengrau,
Ein Lied der Lüfte, so vertraut.

Wenn Abenddämmerung sich legt,
Und die Welt ins sanfte Licht sich regt,
Da tönt es leise, hauchend sacht,
Ein Lied der Lüfte durch die Nacht.

Das Lied der Lüfte, wohin es weht,
Erfüllt die Herzen, erhellt den Weg.
Vertraut den Klängen, leicht und fein,
Lasst euch führen, ins Licht hinein.

Geflüster der Natur

Leise flüstert es im Grase, sanft und mild,
Ein Geheimnis, das die Stille erfüllt.
Geflüster der Natur, tief und wahr,
Erzählt von Wundern, nah und fern, so klar.

Das Wasser murmelt, Steine lutschen,
Im Fluss der Zeit, Gedanken flutschen.
Ein Lied, das in den Bäumen rauscht,
Geflüster der Natur, das Herz belauscht.

Jede Blume, jede Blüte zart,
Trägt ein Geheimnis, tief verwahrt.
Das Blatt im Wind, es erzählt leise,
Von Leben, Liebe, einer alten Reise.

Die Sterne flüstern in der Nacht,
Von Träumen, die das Herz erwacht.
Geflüster der Natur, sanfter Schein,
Ein ewiges Lied, in uns allein.

Lauscht dem Wispern, nah und fern,
Geflüster der Natur, wie ein Stern.
Es führt uns sanft durch Raum und Zeit,
Zu einem Ort der Ewigkeit.

Sanfter Hauch

Ein sanfter Hauch, so kühl und fein,
Streichelt meine Wangen, sanft und rein.
Er bringt mir Träume, leicht und klar,
Von einer Welt, die ist so wunderbar.

Sanfter Hauch, durch Sommerwinde,
Ein zärtlich Spiel, das ich so finde.
Er singt von Liebe, Glück und mehr,
Vergangene Zeiten, sehnsuchtsschwer.

Die Blätter tanzen in seinem Lauf,
Ein Spiel des Lichts, der Zeit Verlauf.
Sanfter Hauch, er trägt mich fort,
In Träume, an einen fernen Ort.

Der Himmel öffnet Weite und Raum,
Sanfter Hauch, wie ein zauberhafter Traum.
Er beflügelt Herz, Gedanken zart,
Ein stetes Lied, in mir bewahrt.

Sanfter Hauch, du leiser Freund,
Trägst mich durch die Zeit, so treu vereint.
Ewig fließt du, leicht und rein,
Ein sanfter Hauch, mein Herz, dein Heim.

Windschatten

Zart umhüllt von Stille und Traum,
Ein Windhauch weht, man merkt es kaum,
Im Schatten fließt die Zeit dahin,
Der Wind trägt leise Melodien.

Eine Feder fällt, vom Wind geführt,
Wie eine Lebenskraft, die nie erlischt,
Im Schatten tanzt ein stiller Reigen,
Der Wind singt Lieder, die verweilen.

In des Abends weichstem Licht,
Entsteht ein sanftes Farbgedicht,
Im Schatten der Erinnerung,
Trägt der Wind die Sehnsucht jung.

Gedanken schweben, leicht und frei,
Im Windschatten der Fantasie,
Geschichten, die der Wind erzählt,
Von Fernen, die das Herz beseelt.

Ein leiser Hauch, ein sanftes Rauschen,
Der Wind spielt sanft in stillen Büschen,
Im Schatten seines ruhigen Flugs,
Träumt man von Sternen, tief genug.

Lüfteträume

Sanft die Lüfte, leise wehen,
Tragen Träume, fast gesehen,
Im Morgenlicht, so zart und klar,
Flüstern sie, ganz wunderbar.

Ein Vogel schwebt im Himmelreich,
Die Lüfte sanft an seinem Fleische,
Trägt Träume über Berg und Tal,
Ein Strom von Sehnsucht, rein und schmal.

In Lüfteträume eingewoben,
Leichte Schatten, fast verschoben,
Zieht der Wind ein Bild herbei,
Von fernen Orten, wild und frei.

Die Lüfte tragen Märchen fort,
Von fernen Landen, zaubernd wort,
Träumen gleich in ihrem Schoß,
Verblassen Ängste, klein und groß.

Ein Hauch von Ewigkeit durchdringt,
Die Lüfte voll von Träumen singt,
In sanfter Melodie der Nacht,
Bringt Frieden, still und sanft gebracht.

Sturmgeheimnisse

Der Sturm pfeift durch die kalte Nacht,
Sein Lied aus alten Zeiten lacht,
Geheimnisse in Winden wehen,
Von Welten, die wir nie verstehen.

Die Bäume biegen sich hinfort,
Flüstern leise jedes Wort,
Geheimnisse des Sturmes Bann,
Erzählt von Gold und altem Kram.

Ein Seemann lauscht dem wilden Lied,
Das durch die Nacht und Himmel zieht,
Der Sturm erzählt von fremden Meer,
Wo Schätze ruhen, wild und leer.

Im Sturmgewirr ein Laut verhallt,
Ein Flüstern, das den Mut entfacht,
Geheimnisse in Winden lauschen,
Das Meer, der Sturm, das tiefe Rauschen.

Am Morgen, wenn der Sturm sich legt,
Ein neues Licht den Tag bewegt,
Geheimnisse des Sturms verwehen,
In fernem Land, kaum mehr gesehen.

Odem des Nordens

Am Polarlicht die Kälte zieht,
Der Nordwind sanft in Ranken wiegt,
Sein Odem weht mit weißem Hauch,
Der Nordens Kälte, stiller Brauch.

Die Tundra schweigt im weißen Kleid,
Ein Hauch des Nordens, still und weit,
Sein Atem trägt das Eis hinfort,
Vom hohen Berg bis tiefem Fjord.

In Nächten, klar und voller Sterne,
Der Nordwind zart die Welt umwerfe,
Sein Odem weht, so klar und rein,
Trägt Märchen weit im Mondenschein.

Ein Rentier zieht im weißen Feld,
Nordwindes Hauch die Spur erhält,
Von Leben, das so still verweilt,
Ein Zauber, der die Zeit enteilt.

Odem des Nordens, Wildnis pur,
Ein Hauch, der ewig bleibt in Spur,
Trägt Träume, süß von ferner Welt,
Die tief im Herzen sich erhält.

Milton Keynes UK
Ingram Content Group UK Ltd.
UKHW021014110624
444053UK00014B/694